Inhalt

Novelle des Bundeswaldgesetzes - Nicht jeder Baum ist Wald

Kernthesen

Beitrag

Fallbeispiele

Weiterführende Literatur

Impressum

Novelle des Bundeswaldgesetzes - Nicht jeder Baum ist Wald

I.Zeilhofer-Ficker

Kernthesen

- Im Juni 2010 hat der Bundestag, im Juli der Bundesrat die Novelle des Bundeswaldgesetzes angenommen.
- Dadurch wurde erstmalig definiert, dass Kurzumtriebsplantagen und Agroforstsysteme nicht mehr unter den speziell geschützten Waldbegriff fallen.
- Waldbesitzer wurden durch eine Einschränkung der Haftung entlastet und forstwirtschaftliche Vereinigungen dürfen

sich nun auch um die Vermarktung des Holzes ihrer Mitglieder kümmern.

Beitrag

Schutz für den Wald per Gesetz

Wälder haben schon seit jeher eine große Bedeutung für den Menschen - das daraus gewonnene Holz ist als Baumaterial, als Brennstoff und als Rohstoff für Papier unverzichtbar. In den Fokus geraten ist aber auch die ausgleichende Wirkung des Waldes auf das Klima - Stichwort CO_2-Speicher - sowie die Wichtigkeit für die Trinkwasserversorgung.
Außerdem schützen Wälder vor Bodenerosion und in Berggebieten vor Lawinen und Muren. Schließlich spielen unsere heimischen Wälder als Naherholungsräume für den stressgeplagten Menschen eine tragende Rolle - zum Spazierengehen, Walken, Joggen und Radfahren, zur Tier- und Vogelbeobachtung - eine Oase der Ruhe eben.
Der Bedeutung des Waldes wurde mit dem Bundeswaldgesetz von 1975 Rechnung getragen. Darin ist definiert, was als Wald zu verstehen ist. Dadurch werden Wälder unter besonderen Schutz gestellt und deren Erhaltung und Bewirtschaftung als förderwürdig erachtet. Ein besonders großer Teil des

Gesetzes widmet sich den Rechten und Pflichten von forstwirtschaftlichen Zusammenschlüssen. Weitergehende Richtlinienkompetenz wird den Landesregierungen übertragen. (1)

Die Novelle

In den letzten Jahren wuchs die Bedeutung von Holz als umweltschonender Energielieferant rasant an. Schließlich finden rund 1,2 Millionen Menschen eine Beschäftigung in der Forst- und Holzwirtschaft und erzielen jährliche Umsätze von rund 170 Milliarden Euro. Dem wachsenden Bedarf wird immer öfter durch so genannte Kurzumtriebsplantagen entsprochen, in denen schnell wachsende Bäume zur raschen Ernte angebaut werden. Prognosen gehen davon aus, dass bis zum Jahr 2020 bereits auf 45 000 Hektar und im Jahr 2050 auf einer Million Hektar KUP-Holz angebaut werden wird. Diese Holzplantagen sind aber nicht mit richtigen Wäldern vergleichbar. Dieser Tatsache wurde mit der Neudefinition des Waldbegriffes in der Novelle des Bundeswaldgesetzes entsprochen. Die Neudefinition des Waldes schließt Kurzumtriebsplantagen, Agroforstsysteme und auch Almweiden mit lichter Bestockung ausdrücklich aus. Diese unterliegen nun den Vorschriften, die eine landwirtschaftliche Nutzung nach sich zieht. (2), (3), (4), (5)

40 Prozent der deutschen Wälder, das entspricht 220 000 Hektar, sind Privateigentum. Die Eigentümer von Wäldern müssen für die Verkehrssicherung im Wald sorgen, obwohl es jedem Bürger gestattet ist, den Wald jederzeit zu betreten und zur Erholung zu nutzen. Dies hat in der Vergangenheit zu recht widersprüchlichen Gerichtsurteilen geführt. Mit der Ergänzung des Bundeswaldgesetzes durch die Klarstellung, dass jeder den Wald auf eigene Gefahr betritt und dies insbesondere für waldtypische Gefahren gelte, verspricht man sich mehr Rechtssicherheit für Waldbesitzer. Jeder Erholungssuchende muss sich nun darauf einstellen, dass er durch Gräben, Böschungen, durch herumliegendes Totholz oder durch umfallende Bäume verletzt werden könnte, wenn er sich in den Wald begibt. Einen entsprechenden Schadenersatz darf er sich vom Waldeigentümer nicht mehr erwarten. (6), (7), (8)

Besonders umstritten ist die Umdeklarierung von Bergwäldern zu Almweiden. Denn lichte Bergwälder, die als Weideflächen von Almbauern genutzt werden, gelten nun nicht mehr als Wälder sondern als landwirtschaftliche Nutzfläche. Kritiker befürchten, dass dadurch immer mehr Bergwald abgeholzt werden wird, der eigentlich als Schutz vor Lawinen- und Murenabgänge unverzichtbar ist. Der Grund für die Umwidmung ist wie so häufig finanzieller Natur. Denn die Almbauern können so weiterhin Agrarsubventionen der EU und des Freistaats Bayern in Millionenhöhe kassieren. (9), (10)

Weitgehend unkommentiert blieb dagegen die Ergänzung, dass forstwirtschaftliche Zusammenschlüsse nun auch die Vermarktung ihres Holzes für all ihre Mitglieder durchführen dürfen. (4)

All diese Änderungen wurden am 17. Juni 2010 vom Bundestag mit den Stimmen von CDU, CSU und FDP verabschiedet und an den Bundesrat zur Zustimmung verwiesen. Diese erfolgte am 9. Juli 2010. (4), (8)

Heftige Kritik der Umweltschützer

Bei den politischen Oppositionsparteien, vor allem aber den Umweltschützern stieß die Änderung auf harsche Kritik. Besonders die Umwidmung der oben genannten lichten Bergwälder fand kaum Verständnis. Zudem hatte man sich erwartet, dass das Prinzip der nachhaltigen Waldbewirtschaftung in das Gesetz aufgenommen würde. Denn durch Klimawandel und fortschreitenden Artenschwund sei es nicht hinzunehmen, dass nach wie vor Wälder kahl geschlagen würden bzw. alte Baumriesen dem

Gewinnstreben zum Opfer fielen. Man fordert ein Verbot der Anpflanzung von gentechnisch veränderten Bäumen sowie die Bevorzugung von standortgerechten Baumarten. Insgesamt solle der Begriff der guten fachlichen Praxis der Forstwirtschaft umfassend definiert werden. (2), (11)

Koalitionspolitiker und Waldbesitzer widersprachen dieser Forderung ausdrücklich und verwiesen auf die diversen Landesgesetze, die entsprechende Richtlinien enthalten sollten. (11)

Trends

31 Prozent der Landfläche der Bundesrepublik Deutschland sind Waldflächen. Nur 0,5 Prozent davon werden nicht bewirtschaftet. Damit der Artenschutz gewährleistet werden kann, fordert der BUND (Bund für Umwelt und Naturschutz Deutschland) eine Ausweitung dieser Flächen auf erst fünf, später zehn Prozent der Waldflächen. Die Waldbesitzer sind von dieser Forderung alles andere als begeistert. Sie entgegnen, dass sich bereits heute über 30 Prozent der Wälder in einem naturnahen, weitere 40 Prozent in bedingt naturnahen Zustand befänden.(12)Einig dürften sich beide Parteien allerdings darüber sein, dass die Bedeutung unserer Wälder für die Bürger, aber auch für die Wirtschaft

immer wichtiger werden wird. Das Bundeswaldgesetz wird dem auch künftig gerecht werden müssen.

Fallbeispiele

Im Juli 2009 veröffentlichte der BUND das Schwarzbuch Wald, in dem 15 Beispiele von schwerwiegenden Verstößen gegen den Wald- und Naturschutz aufgelistet sind. So wurden in Thüringen am Kyffhäuser rund 60 000 Bäume gefällt, darunter viele geschützte Buchen, obwohl das Gebiet Naturschutz-, Vogelschutz- und FFH-Gebiet ist. Gleich mehrere Gesetze wurden dabei übertreten. Auch in einem Staatswald in Cuxhaven holzte man riesige Flächen mit über 200 Jahre alten Buchen und Eichen einfach ab. Diese Fläche stand kurz davor, zum Naturschutzgebiet erklärt zu werden. Elf Fälle von Kahlschlag wurden angeprangert, die Begründung dabei war häufig die Verkehrssicherung. Wieso allerdings Bäume, die 150 Meter oberhalb einer Straße stehen, den Verkehr gefährden sollten, bleibt unbekannt. Meist wurden mit den Einschlägen Brut- und Lebensräume von besonders geschützten Arten zerstört. (12), (13)

Weiterführende Literatur

(1) Gesetz zur Erhaltung des Waldes und zur Förderung der Forstwirtschaft (Bundeswaldgesetz) vom 02.05.1975
aus Betriebs Berater Heft 25/2010 Seite 1523

(2) Opposition fordert Mindeststandards für die Waldbewirtschaftung
aus Betriebs Berater Heft 25/2010 Seite 1523

(3) BBE stellt Forderungen an neue Bundesregierung...
aus Agra-Europe (AgE), 50. Jahrgang Nr. 41 vom 05.10.2009

(4) Novelle des Bundeswaldgesetzes fast am Ziel...
aus Agra-Europe (AgE), 51. Jahrgang Nr. 25 vom 21.06.2010

(5) Bundesrat beschließt Entwurf zur Novelle des Bundeswaldgesetzes...
aus Agra-Europe (AgE), 51. Jahrgang Nr. 25 vom 21.06.2010

(6) Förster fordern Rechtssicherheit - WALDWEGE Gesetzeslage im Schadenfalls nicht immer eindeutig / Wanderstrecken verlegt
aus Allgemeine Zeitung vom 13.07.2010

(7) Waldgesetz für Waldbesitzer ARTENSCHUTZ Der Bundestag verabschiedet eine Novelle, die vor allem der Forstwirtschaft nützt. Privatinteressen würden wichtiger genommen als das Gemeinwohl, sagen

Kritiker
aus taz, 19.06.2010, S. 06

(8) Gesetzesbeschluss des Deutschen Bundestages - Zweites Gesetz zur Änderung des Bundeswaldgesetzes
aus taz, 19.06.2010, S. 06

(9) Wie aus Bergwald Almwiesen werden
aus Süddeutsche Zeitung, 27.05.2010, Ausgabe München, Bayern, S. 42

(10) Auf der Alm, da gibt"s noch Leben
aus Süddeutsche Zeitung, 12.06.2010, Ausgabe München, Bayern, S. 46

(11) Novelle des Bundeswaldgesetzes orientiert sich am Bundesratsentwurf...
aus Agra-Europe (AgE), 51. Jahrgang Nr. 24 vom 14.06.2010

(12) Einzelfälle nicht repräsentativ für Waldbewirtschaftung in Deutschland - Generalverdacht nicht gerechtfertigt - Forderung nach Herausnahme von Waldflächen aus der Nutzung kontraproduktiv - BUND: Derzeitige Forstwirtschaft genügt nicht gesetzlichen Anforderungen
aus Agra-Europe (AgE), 50. Jahrgang Nr. 31 vom 27.07.2009

(13) Kahlschlag am Kyffhäuser - Warum der BUND in

seinem Schwarzbuch zum Wald auch Thüringen...
aus Thüringer Allgemeine vom 22.07.09 Seite TCPL522

Impressum

Novelle des Bundeswaldgesetzes - Nicht jeder Baum ist Wald

Bibliografische Information der deutschen Nationalbibliothek

Die Deutsche Nationalbibliothek verzeichnet diese Publikation in der deutschen Nationalbibliografie; detaillierte bibliografische Daten sind im Internet über http://dnb.d-nb.de abrufbar.

ISBN: 978-3-7379-1513-7

© 2015 GBI-Genios Deutsche Wirtschaftsdatenbank GmbH, Freischützstraße 96, 81927 München, www.genios.de

Alle Rechte vorbehalten. Dieses Werk ist einschließlich aller seiner Teile – z.B. Texte, Tabellen und Grafiken - urheberrechtlich geschützt. Jede Verwertung außerhalb der Grenzen des Urheberrechtsgesetzes bedarf der vorherigen Zustimmung des Verlags. Dies gilt insbesondere auch für auszugsweise Nachdrucke, fotomechanische Vervielfältigungen (Fotokopie/Mikroskopie), Übersetzungen, Auswertungen durch Datenbanken oder ähnliche Einrichtungen und die Einspeicherung und Verarbeitung in elektronischen Systemen.